ISBN : 978-2-09-258767-6 — N° d'éditeur : 10246793
Dépôt légal : juillet 2019
Achevé d'imprimer en juin 2019 par Pollina (Luçon, Vendée, France) - 89488

LA FOIS OÙ MÉMÉ A VAINCU UN TAUREAU !

Vincent Cuvellier · Marion Piffaretti

Nathan

Mémé, le jeudi, elle allait pas à l'école.
Pas parce qu'elle voulait pas y aller, mais parce qu'y avait pas école le jeudi. Jamais. Et du coup, le jeudi, ses parents voulaient qu'elle garde les vaches.
Oh, Mémé, ça la dérangeait pas de garder les vaches, surtout qu'elle y allait avec Mimile, le garçon de la ferme d'à côté.

Parce qu'en fait c'étaient les vaches de la ferme d'à côté, pas les vaches des parents de Mémé. Les parents de Mémé, ils tenaient un magasin. Les parents de Mimile, ils tenaient rien du tout, parce qu'ils étaient morts.

Mimile, il est marrant.
Et c'est pas parce qu'il va pas à l'école qu'il est bête.
C'est juste qu'il va pas à l'école.
Du coup, il sait même pas compter jusqu'à 100.
De toute façon, ça lui servirait à rien, il en a pas 100, des vaches, il en a 10.

Du coup, il sait compter jusqu'à 10.
Il sait pas beaucoup lire, non plus,
et pas du tout écrire.
Par contre, il sait comment on fait des bébés.
Il sait même accoucher une chèvre.
Il l'a déjà fait, alors t'as qu'à voir !

Ce jour-là, donc, Mémé et Mimile vont chercher les vaches à l'étable. Il y en a dix, et Mémé les connaît toutes par leurs noms : Gitane, Pâquerette, Vachette, Clochette, Noisette, Colchique, Bécassine, Olivette, Voiture et Antoinette.
Antoinette, c'est le papa de Mémé qui l'avait appelée comme ça, parce qu'elle ressemblait à la charcutière qui s'appelait Antoinette.
Bref.

Gitane
Pâquerette
Vachette
Clochette
Noisette
Colchique
Bécassine
Olivette
Voiture
Antoinette

Mémé se met devant et Mimile derrière,
parce qu'il aime bien taper le cul des vaches
avec son gros bâton, pour qu'elles avancent.

– Allez, les vaches ! Bougez vos grosses fesses !
– Ha ha ! Vos fesses de grosses vaches ! Ha ha !
– Meeeeuh !

Arrivés au champ, ils s'allongent, comme ils le font d'habitude.

– Tu veux un bout de fromage ? dit Mémé.

– Non, je préfère des chewing-gums américains.

– Ouah, t'as des chewing-gums ?

– Et ouais, répond Mimile, en marchant comme un cow-boy, c'est ça, la classe !

– Tu m'en files un ?

– Oh, punaise !

– Pourquoi tu cries ? Je t'ai juste demandé un chewing !

– Regarde derrière toi !

– Oh, punaise !

Angelo, l'énorme taureau de la ferme
des Charmilles, s'est échappé de son enclos !
Et à voir sa tête, il a pas l'air content !
Et un taureau pas content, c'est pas cool !

– Donne-moi ton pantalon ! crie Mémé.
– T'es pas fou, répond Mimile.
– On dit t'es pas folle, je suis une fille !
Et donne-moi ton pantalon, vite !
– Mais pourquoi mon pantalon ?
– Parce qu'il est rouge, Banania !

Alors, Mimile court se cacher derrière un arbre
et tend son pantalon rouge au bout de son bâton.

Mémé, n'écoutant que son courage, agite le pantalon rouge. Angelo le taureau fume avec ses narines, tape ses sabots par terre, et se met à courir comme un fou.

– Mémé, t'es folle ! crie Mimile qui est sorti de derrière l'arbre, oubliant qu'il est en slip.

Mémé lève le pantalon au-dessus de ses couettes,
et quand le taureau arrive, hop, elle se tire sur le côté
en criant :
– Olé !

Le taureau est furieux ! Furioso, même !
Les vaches crient « Meuh ! », Mimile crie « Oh là là ! »,
Mémé crie « Viens, taureau, tu vas voir de quel bois
je me chauffe ! ».

Elle court du plus vite qu'elle peut,
jusqu'au champ de la ferme des Charmilles.
Là, elle ouvre le grand portail en bois.
Le taureau l'a suivie !

Encore une fois, elle agite le pantalon de Mimile.
Le taureau charge.
Mémé esquive, crie encore « Olé ! », part en courant et ferme le portail. Le taureau est prisonnier, et c'est bien fait pour lui !

OLé!!

Mimile arrive en courant.
– Ouaiiiis, bravo, Mémé !
– Mimile, j'ai mérité un chewing-gum, non ?
– Oui, oui, d'accord, mais tu me rends mon pantalon !

Et c'est comme ça que Mémé a vaincu Angelo le taureau. Faut pas trop la chercher, ma mémé…